Über den Tellerrand kochen Heidelberg e.V.
Illustrationen von Sarah Blaser

Was gibt's bei euch?

Ein Familienkochbuch von Kindern

© 2024 Über den Tellerrand kochen Heidelberg e. V.

Über den Tellerrand kochen Heidelberg e. V., Langer Anger 40, 69115 Heidelberg

Satz u. Layout/e-Book: Gabi Schmid · Büchermacherei · buechermacherei.de

Covergestaltung: OOOGrafik · ooografik.de

Illustrationen: Sarah Blaser · hellopazuzu.com

Druck: booksfactory.de, ein Service der Print Group Sp. z o.o., ul. Cukrowa 22, PL-71-004 Szczecin, Polen

Bestellung und Vertrieb: Nova MD GmbH, Raiffeisenstraße 4, 83339 Vachendorf

ISBN 978-3-98942-881-2

Rezepte

Hallo!
Ich heiße Lulu und möchte mit dir durch viele Länder und über Kontinente reisen, ohne Heidelberg zu verlassen. Du glaubst nicht, dass das geht? Dann nehme ich dich mit auf eine leckere Reise!

Liebe geht durch den Magen und bei mir beginnt die Liebe zum Essen in der Nase! Denn ich liebe die verschiedenen Gerüche beim Kochen.

Wenn ich durch die Stadt schleiche, folgt meine Nase den leckersten Düften. Dann springe ich durch offene Fenster und Türen und schaue beim Kochen zu. Á propos…

Es riecht nach Curry und Thymian. Nichts wie los! Kommst du mit?

Jollof Reis aus Sierra Leone

Leckerer Gemüsereis für 4 Personen (Hauptspeise, Beilage)

1 große Zwiebel (in große Würfel geschnitten)
1 Tomate (in große Würfel geschnitten)
3 Karotten (in kleine Würfel geschnitten)
¼ Weißkohl (in große Stücke geschnitten)
3 EL Tomatenmark
1 TL Salz
1 Brühwürfel
1 TL Thymian
1 TL Currypulver
1 Chilli (wer gerne scharf isst)
250 g Reis
4 EL Olivenöl

Die Hälfte der Zwiebel mit den geschnittenen Tomaten pürieren. (Wenn du magst, kannst du eine klein geschnittene Chili dazu geben, dann wird es scharf!)

Öl in einem Topf erhitzen und die übrigen Zwiebelwürfel und Karottenstücke hinzufügen.

Alles 3 Minuten anbraten. Dann kommen Thymian, Currypulver, der Zwiebel-Tomaten-Mix, das Tomatenmark und der Brühwürfel hinzu. Unter rühren 3 Minuten köcheln lassen.

Den Reis und 500 ml Wasser unterrühren. Alles zum Kochen bringen und dann den Kohl dazugeben. 18 Minuten bei niedriger Hitze köchelr. lassen und ab und zu umrühren. Der Reis soll weich, aber nicht matschig sein. Wenn der Jollof Reis zu trocken wird, noch etwas Wasser hinzufügen. Dazu passt das Rezept: Rindfleisch aus Sierra Leone.

Enjoy yu it!

Rindfleisch aus Sierra Leone

Rindfleisch für 4 Personen (Hauptspeise)

1 kg Rindfleisch
6 Frühlingszwiebeln (in Ringe geschnitten)
2 EL Tomatenmark
2 Brühwürfel
1 Zwiebel (in Würfel geschnitten)
1 Tomate (in Würfel geschnitten)
1 rote Paprika (in Würfel geschnitten)
1 grüne Paprika (in Würfel geschnitten)
etwas Salz
Olivenöl

Die Hälfte der Zwiebel mit den geschnittenen Tomaten pürieren. (Wenn du magst, kannst du eine klein geschnittene Chili dazu geben, dann wird es scharf!).

Das Rindfleisch in heißem Öl scharf anbraten. Wenn das Fleisch braun ist, Salz sowie 2 Esslöffel Tomatenmark dazugeben und 5 Minuten weiter braten.

Die andere Hälfte der Zwiebel und die Frühlingszwiebeln zum Fleisch hinzufügen und 5 Minuten köcheln lassen.

Jetzt den Zwiebel-Tomaten-Mix unterrühren und 10 weitere Minuten bei mittlerer Temperatur köcheln lassen. Nun kommen noch Paprikawürfel zum Fleisch.

Nochmal 5 Minuten köcheln lassen. Jetzt ist das Fleisch fertig.

Vegane Alternative: Anstatt Rindfleisch kannst du auch Kidneybohnen oder Augenbohnen nehmen.

Enjoy yu it!

Gefüllte Paprika aus Ungarn

Gefüllte Paprika für 4 Personen (Hauptspeise)

500 g gemischtes oder Rinderhackfleisch
1 große Zwiebel (in Würfel geschnitten)
2 Knoblauchzehen (klein geschnitten)
3 EL Reis (kurz angebraten)
1 Ei
4 Paprika
1 l passierte Tomaten
Öl
Salz, Pfeffer, edelsüßes Paprikapulver
Kurkuma und Petersilie als Dekoration
Beilage 300 g Reis

Zwiebel und Knoblauch in Öl andünsten. Alles zusammen mit Ei, Gewürzen und mit 3 Esslöffeln ungekochtem Reis mit dem Hackfleisch gleichmäßig vermengen.

Paprika waschen, Deckel oben abschneiden und aushöhlen.

Hackfleischmasse in die Paprika drücken. Die gefüllten Paprika in einem großen Topf in etwas Öl kurz scharf von den Seiten anbraten. Passierte Tomaten zugeben, bis die Paprika fast vollständig bedeckt sind. Mit Pfeffer, Salz, Paprikapulver abschmecken.

Ca. 45 Minuten im Topf köcheln lassen und gelegentlich umrühren.

300 g Reis nach Anleitung in einem Topf kochen.

Zur Dekoration kann Kurkuma auf den Reis und Petersilie auf die gefüllte Paprika gestreut werden.

Vegetarische Alternative: Anstatt Hackfleisch kannst du auch Zucchini (kleine Würfel) mit 5 EL gekochten Linsen nehmen.

Jó étvágyat!

Kisir aus der Türkei

Bulgursalat für 4 Personen (Hauptspeise, Beilage)

300 g Bulgur (fein)
330 ml heißes Wasser
1 Zwiebel
1 Chili
½ Zitrone (ausgepresst)
1 kleine Gurke (klein geschnitten)
1 ½ TL Salz
1 EL Tomatenmark
1 EL Paprikamark
100 ml Sonnenblumenöl
etwas Petersilie, Frühlingszwiebel, Dill (fein gehackt)

Heißes Wasser über den Bulgur gießen, kurz umrühren, abdecken und quellen lassen.

Öl erhitzen, Zwiebeln, Tomatenmark, Paprikamark anbraten, Chili dazugeben und verrühren. Dann zum Bulgur geben und abkühlen lassen.

Am besten mit der Hand kneten, bis alles vermengt ist.

Zitronensaft, Petersilie, Frühlingszwiebel, Dill, Gurke dazugeben und nochmals vermengen.

Afiyet olsun!

Arroz con leche delicioso aus Peru

Milchreis für 4 Personen (Nachtisch)

1 Tasse Milch- oder Risottoreis

2–3 Tassen Wasser

1 Dose gezuckerte Kondensmilch

1 Zimtstange

1–2 Nelken

1–2 Streifen von der Schale einer Orange oder Zitrone

1 Prise Salz

Zimtpulver zum Verzieren

Wasser, Kondensmilch, Orangen- oder Zitronenschale, Zimtstange und Nelken in einen Topf geben und alles mit Deckel zum Kochen bringen.

Den Reis hinzufügen und umrühren.

Den Reis mit Deckel auf niedriger Hitze ca. 10–15 Minuten köcheln, bis er weich ist. Ab und zu umrühren, damit nichts anbrennt. Wenn der Milchreis zu trocken wird, etwas Wasser oder Kondensmilch dazugeben. Der Milchreis soll schön saftig sein.

Wenn der Milchreis weich ist, Zimtstange, Nelken und Schale entfernen.

Den Milchreis auf Schälchen verteilen und mit etwas Zimtpulver verzieren.

¡Qué aproveches!

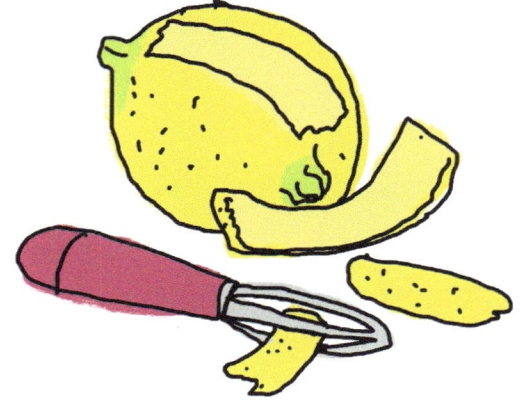

Aramäisches Weißbrot aus Ex-Mesopotanien

Weißbrot für 4 Personen (Beilage)

500 g Weizenmehl
ca. 200 ml lauwarmes Wasser
10 g Hefe
5 g Salz

Alle Zutaten vermengen und ordentlich kneten. Den Teig ca. 3 Stunden an einem warmen Ort zugedeckt gehen lassen.

Den Ofen auf 250°C Ober-/ Unterhitze vorheizen.

Den Teig flach auf dem Blech verteilen und mit dem Messer kreuzweise einschneiden.

Das Weißbrot so lange backen, bis es eine hellbraune Oberfläche hat.

Hänije!

Quiche Lorraine aus Frankreich (Lothringen)

saftig salziger Kuchen für 4 bis 5 Personen (Hauptspeise)

Für den Teig
125 g Margarine / Butter
200 g Mehl
1 EL Wasser
Salz und Pfeffer

Für den Belag:
4 Eier
1 Becher Schmand
150 g Speck (kannst du auch weglassen)
1 Stange Lauch (in kleine Würfel geschnitten)
150 g geriebener Käse
Salz und Pfeffer

Den Ofen auf 170°C Ober-/Unterhitze vorheizen.

Alle Zutaten für den Teig in eine Schüssel geben und mit den Händen zu einem glatten Teig kneten. Den Teig ausrollen und in eine runde, flache Form (28 cm Durchmesser) legen.

Den Speck anbraten. Nach 4 Minuten den Lauch dazugeben. Schmand, Speck, geriebenen Käse, Eier, Salz und Pfeffer in eine Schüssel geben und verrühren.

Die Masse auf den Teig verteilen und eine Stunde bei 170°C Ober-/Unterhitze backen.

Vegetarische Alternative: Anstatt Speck kannst du Schafskäse nehmen. Du kannst jedes Gemüse für die Quiche verwenden, du solltest es aber vorher dünsten.

Bon appétit!

Kebab aus Afghanistan

Fleischspieße für 4 Personen (Hauptspeise, grillen)

1 kg Lamm- oder Rindfleisch (ohne Knochen und ohne Haut)
2–3 Knoblauchzehen (gepresst)
1 Zwiebel
5 EL Öl
2 EL Zitronensaft
Salz und Pfeffer (frisch gemahlen)
1 EL Korianderpulver

Fleisch in 5 cm große Würfel schneiden.

Zwiebel schälen, in große Stücke schneiden und pürieren.

Zwiebelpüree, gepresste Knoblauchzehen, Zitronensaft und Öl zu dem Fleisch geben und alles mit der Hand verkneten.

Mit Salz und Pfeffer würzen, abdecken und die Marinade 1 bis 2 Stunden ziehen lassen. Je länger, desto besser. Bei heißem Wetter sollte das Fleisch im Kühlschrank stehen.

Die Fleischstücke auf einen Spieß ziehen und auf dem Grill braten, bis sie braun sind.

Vorsicht: Holzspieße müssen vorher eine Stunde lang im Wasser liegen, damit sie nicht anbrennen.

بالعافية

Hummus aus Jemen

Kichererbsenpüree für 4 Personen (Beilage)

1 Dose Kichererbsen (250 g) oder 125 g getrocknete Kichererbsen
½ TL Backnatron
2 EL Tahina
1–2 Knoblauchzehen (zerdrückt)
30 ml Zitronensaft
½ TL Kreuzkümmel
50 – 70 ml kaltes Wasser
Salz
5 EL Olivenöl

Für getrocknete Kichererbsen: Die Kichererbsen mit viel kaltem Wasser in einen Topf geben und 8 Stunden stehen lassen. Dann die Kichererbsen abwaschen und mit frischem Wasser und Backnatron in einem Topf ohne Deckel kochen, bis die Kichererbsen weich sind. Das dauert zwischen 20 und 40 Minuten.

Bei Kichererbsen aus dem Glas beginnt das Rezept hier:

Kichererbsen, Tahina, Knoblauchzehen, Zitronensaft, Kreuzkümmel, Salz und kaltes Wasser in ein Gefäß geben und so lange pürieren, bis die Masse cremig und lecker ist. Kurz vor dem Essen das Öl untermischen.

Der Hummus passt gut zu Tabouleh, afghanischem Kebab und aramäischem Weißbrot.

باعلافية

Tabouleh aus Libanon

Petersiliensalat für 4 Personen (Beilage)

30 g Bulgur
1 großer Bund Petersilie (fein gehackt)
½ Zitrone (ausgepresst)
3 dünne Scheiben einer Zitrone (in kleine Würfel geschnitten)
3 kleine Gurken (entkernt und in kleine Würfel geschnitten)
2 große Tomaten (in kleine Würfel geschnitten)
5 EL Olivenöl
Salz und Pfeffer

Den Bulgur mit der dreifachen Menge kochendem Wassers und etwas Salz in einen Topf geben. Den Bulgur zugedeckt auf niedriger Hitze für 10 Minuten quellen lassen.

Tomaten, Gurken und Zitronen in eine Schüssel geben.

Die fein gehackte Petersilie, den abgekühlten Bulgur, den Saft einer halben Zitrone, Öl, Salz und Pfeffer hinzufügen. Alles gut durchmischen.

بالعافية

Pommes

Ein Gedicht für mein Lieblingsgericht

Pommes sind schlank,
höchstens 10 cm lang
Pommes geh'n immer
Sonst wird das Leben schlimmer.

Zehn Minuten in die Fritteuse,
dann sind sie saftig wie Klöße
Goldbraun mit Ketchup beschmiert,
dann wird das Essen serviert.

Ohne Pommes weiß ich nicht -
sonst gibt es kein leckeres Gericht,
denn Pommes sind klein,
schieb sie dir einfach rein.
So soll's sein!

Owen Jude

Borschtsch aus der Ukraine

Rote Bete Suppe für 4 Personen (Vorspeise, Hauptspeise)

150–200 g rote Bete (geschält und geraspelt)

1 Karotten (geschält und geraspelt)

1 Petersilienwurzel (geschält und geraspelt)

40 g Knollensellerie (geschält und gewürfelt)

1 Kartoffel (geschält und in kleine Würfel geschnitten)

100 g Weißkohl (in kleine Würfel geschnitten)

1 Zwiebel (in feine Streifen)

2 Knoblauchzehen (klein geschnitten)

1 Zitrone (ausgepresst)

30 g Tomatenmark

1–2 Lorbeerblätter

1 l Gemüse- oder Fleischbrühe

Salz und Pfeffer

Schmand, Petersilie und Dill (gehackt zum Verzieren)

Olivenöl

Zwiebeln, Knoblauch, Knollensellerie und Lorbeer mit Öl in einem großen Topf dünsten.

Danach Rote Bete, Karotte, Weißkohl, Petersilienwurzel und Kartoffeln hinzufügen und kurz mitdünsten.

Gemüse mit heißer Brühe bedecken. So viel Wasser hinzufügen, dass das Gemüse problemlos im Wasser schwimmt (mindestens ¾ vom Topf sollte Suppe sein).

Suppe aufkochen und bei mittlerer Hitze köcheln lassen, bis das Gemüse weich ist.

Herd ausschalten. Die Suppe mit Zitronensaft, Salz und Pfeffer würzen.

Den Borschtsch mit Schmand, Petersilie und Dill servieren.

Смачного

Chachabsa aus Äthiopien (Oromo)

warmes Brot für 4 bis 6 Personen (Frühstück)

500 g Mehl
2 TL Salz
1 Packung Hefe
2 TL Berberitzen
300 g lauwarmes Wasser
6 EL Butter oder Ghee (geklärte Butter)
Salz

Mehl, lauwarmes Wasser, Salz, Hefe und Berberitzen in eine Schüssel geben und 5 bis 6 Minuten zu einem Teig kneten. 30 Minuten gehen lassen.

Die Masse zu handgroßen Kugeln formen und flach drücken.

Die Teigfladen in einer heißen Pfanne von beiden Seiten backen.

Der Qita (= der gebackene Teigfladen) wird klein gehackt und dann in eine Schüssel gegeben.

Am Ende die geklärte Butter auf den Qita geben und gut vermengen.

Njatagari

Apfelkuchen aus Deutschland (Kurpfalz)

Kuchen für 6 bis 8 Personen (Nachspeise)

200 g Mehl

3 g Backpulver

75 g Zucker

1 Päckchen Vanillezucker

1 Ei

75 g Butter

1,5 kg saure Äpfel (kleingeschnitten)

1 Päckchen Vanillepuddingpulver

500 ml Apfelsaft

140 g Zucker

1 Becher Sahne

Den Ofen auf 180°C Ober-/ Unterhitze vorheizen.

Mehl, Backpulver, 75 g Zucker, Vanillezucker, Ei und Butter zu einem glatten Teig kneten und abgedeckt stehen lassen.

Das Vanillepuddingpulver und 140 g Zucker in 70 ml kalten Apfelsaft auflösen.

Den restlichen Apfelsaft zum Kochen bringen. Den kochenden Apfelsaft mit einem Schneebesen umrühren. Das in Apfelsaft aufgelöste Puddingpulver unter rühren zu dem kochenden Apfelsaft geben. Den Pudding 1 bis 2 Minuten rühren, bis er fest wird.

Die kleinen Apfelstücke mit dem Pudding vermischen.

Den Teig ausrollen und in eine runde Springform legen. Die Apfel-Pudding-Mischung über den Teig geben.

Den Kuchen ca. 60 Minuten auf mittlerer Schiene backen.

Der Kuchen ist mit Schlagsahne besonders lecker.

Guten Appetit!

Perkedel Jagung aus Indonesien

frittierte Maisküchlein für 3 Personen (Hauptspeise)

250 g Mais
4 Lauchzwiebeln (in feine Ringe geschnitten)
1 Ei
150 g Reismehl
100 g Weizenmehl
¼ TL Gemüsebrühe
100 ml lauwarmes Wasser
Sonnenblumenöl
½ TL Salz
½ TL Knoblauchpulver
Pfeffer
gemahlener Koriander

Gemüsebrühe und Wasser mischen. Alle anderen Zutaten dazugeben und zu einem klebrigen Teig mischen. Mit Pfeffer, Salz, Korianderpulver und Knoblauchpulver würzen.

Soviel Öl in eine Pfanne geben, dass die Pfanne ca. 0,5 cm hoch mit Öl befüllt ist.

Öl erhitzen.

Den Teig löffelweise in Öl braten, bis beide Seiten goldbraun sind.

Selamat Mekan!

Dahl aus Südindien

Linsengericht mit Reis für 4 Personen (Hauptspeise)

200 g gelbe Linsen (gewaschen und 2 Stunden in Wasser eingeweicht)

1 frisches Kurkuma ca. 6 cm groß (geschält und gerieben, Achtung: Kurkuma färbt stark)

3,5 cm frischer Ingwer (geschält und gerieben)

2 rote Zwiebeln (klein geschnitten)

4 Knoblauchzehen (gehackt)

250 ml Kokosmilch

3 EL Rapsöl

1 EL Salz

1 TL Zucker

Pfeffer oder Chili

Koriander zum Verzieren

Linsen in ein Sieb geben und abtropfen lassen.

Rapsöl und Zucker in einer Pfanne erhitzen und die Zwiebeln darin andünsten. Ingwer und 2 cm Kurkuma dazugeben und 2 Minuten weiter dünsten. Knoblauch hinzufügen und nochmal 2 bis 3 Minuten dünsten. Die abgetropften Linsen unterrühren und 2 Minuten weiter dünsten.

Mit 1 Tasse Wasser ablöschen und umrühren. Kokosmilch und Salz dazugeben. Umrühren und mit Deckel auf mittlerer Hitze langsam erhitzen, bis das Dahl leicht köchelt. Es darf nicht kochen!

Nach 8 bis 10 Minuten, wenn die Linsen noch gut bissfest sind, das restliche Kurkuma hinzufügen. Den Topf jetzt vom Herd nehmen. Mit Salz, Pfeffer (und Chilli) abschmecken und 2 Minuten ziehen lassen.

Das Dahl mit Koriander verzieren.

बॉन एपेतीत

Gazpacho aus Südspanien

kalte Tomatensuppe für 4 Personen (Vorspeise, Hauptspeise)

½ kg sehr reife Tomaten (in große Würfel geschnitten)
½ grüne Paprika (entkernt und in große Würfel geschnitten)
½ kleine Gurke (geschält, entkernt und in große Würfel geschnitten)
1 große Knoblauchzehe (geviertelt)
20 ml Weißweinessig
20 g altes Weißbrot
Salz
100 ml Olivenöl

Gemüse, Knoblauch, Weißbrot, Essig und Salz in ein hohes Gefäß geben. Alles für ca. 5 Minuten pürieren.

Das Olivenöl hinzufügen und noch einmal kurz pürieren.

Das Gazpacho für 2 bis 3 Stunden in den Kühlschrank stellen.

Gazpacho wird kalt gegessen und schmeckt an heißen Sommertagen besonders gut.

¡Qué aproveches!

Majudara aus Syrien

Linsen- und Bulgurgericht für 4 bis 5 Personen

(Hauptspeise)

2-3 Zwiebeln (in dünne halbe Ringe geschnitten und mit etwas Mehl
bestäubt)

80 ml Olivenöl

100 g Berglinsen (gewaschen)

80 g Bulgur

1,5 TL Kreuzkümmel

1 Gurke (in kleine Würfel geschnitten)

100 ml Naturjoghurt

1 Knoblauchzehe (gepresst)

2 EL Tahina

Saft einer halben Zitrone

Salz und Pfeffer

Gurke, Joghurt, Tahina, Zitronensaft, Salz, einen halben TL Kreuzkümmel, Pfeffer und
3 EL Olivenöl in einer Schüssel gut mischen, abdecken und zur Seite stellen.

In einer großen Pfanne das Olivenöl erhitzen. Zwiebelringe ins heiße Öl geben und
30 Minuten bei geringer bis mittlerer Hitze rösten, bis sie knusprig-braune Röstzwiebeln
sind. Aus dem Öl nehmen und mit etwas Küchenrolle abtupfen.

Die Linsen mit 350 ml Wasser in einen Topf geben und das ganze zum
Kochen bringen. Sobald das Wasser kocht, die Hitze reduzieren. Das ganze
mit Deckel 15 Minuten köcheln lassen.

Bulgur, ein Teelöffel Kreuzkümmel und Salz zu den Linsen geben und alles
mit Deckel 10 Minuten simmern.

Die Flüssigkeit soll aufgesogen werden. Das Majudara darf nicht matschig
sein.

Das Majudara mit Röstzwiebeln verzieren und mit Gurkensaat servieren.

بالعافية

Kaiserschmarrn aus Österreich

süße Eierspeise für 4 Personen (Nachspeise, Hauptspeise)

6 Eier
200 g Mehl
300 ml Milch
4 EL Zucker
1 Prise Salz
Einige Stückchen Butter
Staubzucker (Puderzucker) zum Anrichten

Milch und Mehl verrühren. Die Eier, die Hälfte des Zuckers und die Prise Salz dazugeben. Alles mit dem Handrührgerät mixen.

Die Pfanne mit Butter erhitzen. Wenn die Butter flüssig ist, den Teig in die Pfanne geben.

Wenn der Teig unten leicht braun ist, den Teig umdrehen und fertig backen.

Den Kaiserschmarrn (=der Teig) in Stücke reißen. Die Stücke mit etwas Zucker und Butter braun braten.

Serviere den Kaiserschmarrn mit Puderzucker.

Moizait! (Mahlzeit)

Spaghetti

Ein Gedicht für mein Lieblingsgericht

Ein kleines Gedicht für mein Lieblingsgericht:
Lieber Spaghetti im Topf, als auf dem Kopf!
Große Soße auf dem Tisch.
Lieber Spaghetti, als Thunfisch!
Meine Schwester aß Spaghetti
mit unserer Nachbarin Doretti.

Am Morgen stand ich auf,
zum Frühstück gab es Lauch!
Das fand ich ganz schön dumm,
ich bog ihn ganz schön krumm.
Zu Mittag gab es Brot.
Das war so trocken,
das werd ich jetzt verkloppen.
Zu Abend gab's Spaghetti!
Juhu, Juhu, Juha,
ich liebe dich Mama!

So das war das Gedicht für mein Lieblingsgericht.
Nur eins hab ich vergessen,
die Spaghetti jetzt zu essen.

Bela Meisel

Pasta mit grünem Pesto aus Italien

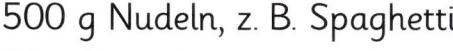

Nudeln für 4 Personen (Hauptspeise)

500 g Nudeln, z. B. Spaghetti

50 g Pinienkerne

40 g Basilikum

70–80 ml Olivenöl

1 Knoblauchzehe

70 g Parmesan

Salz und Pfeffer

Nach Wunsch auch einen Spritzer Zitronensaft

Pinienkerne 2 bis 3 Minuten anrösten. Ein paar Pinienkerne zum Dekorieren beim Anrichten aufbewahren.

Pinienkerne, Knoblauch und etwas Olivenöl in ein Gefäß geben und mit dem Stabmixer zerkleinern.

Basilikum, Parmesan, eine Prise Salz, Pfeffer und das restliche Olivenöl hinzufügen und weitermixen.

Evtl. einen Spritzer Zitronensaft dazugeben.

Nudeln kochen und etwas Nudelwasser aufheben.

Nudeln mit dem Pesto und etwas Nudelwasser vermischen und anrichten.

Gericht mit Basilikum, etwas Käse und Pinienkernen bestreuen.

Buon appetito!

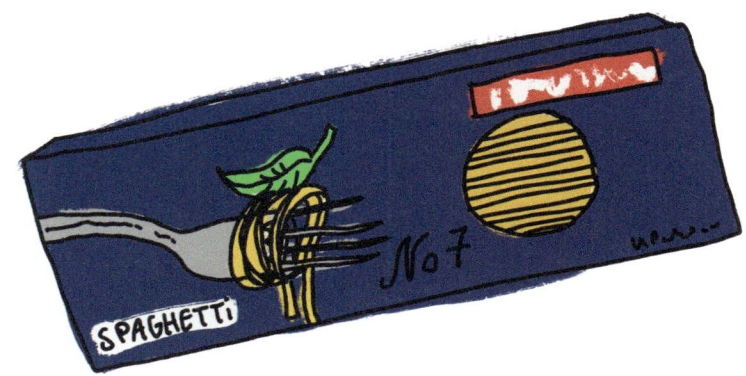

Über den Tellerrand kochen Heidelberg e.V. organisiert mit ehrenamtlichem Engagement Kochevents. Bei den Anlässen wird gemeinsam geschnippelt, gekocht und gegessen. So entstehen Begegnungen. Menschen, die einander sonst nicht treffen, sitzen zusammen an einem Tisch. Essen verbindet! – Bei uns kannst du neue Freundschaften knüpfen und triffst auf offene Ohren für deine Erfahrungen.

Sandra Stürzel-Prang ist begeisterte Grundschullenrerin an der Albert-Schweitzer-Grundschule. Das interkulturelle Kochbuch-Projekt entstand im Rahmen ihrer Schulseelsorger*innenfortbildung und bestand zunächst aus zwei Teilen: das Sammeln von leckeren Rezepten aus aller Welt aus der Schulgemeinschaft und aus dem interkulturellen Frühstück in der Albert-Schweitzer-Schule im Rahmen der „Internationalen Wochen gegen Rassismus".

Durch Zeichnungen und Comics hält **Sarah Blaser** alle Details fest, die ihr im Alltag begegnen. Immer mit Bleistiften, Filzstiften, Pinseln oder Tablet ausgestattet, skizziert sie die Figuren ihres Alltags und ihre fantasievollen und kreativen Gedanken. Mehr auf hellopazuzu.com.

Judith Schwarz hat sich das Konzept des Kochbuchs ausgedacht, das Projekt ins Leben gerufen und alle beteiligten Personen von ihrer Idee begeistert. Sie hat den Überblick behalten und die Aufgaben koordiniert. Vielen Dank für das Engagement, den Einsatz und die Geduld.

Die Erstellung des Kochbuchs wurde von **Gabi Schmid** von der Büchermacherei kreativ unterstützt, begleitet und layoutet. Durch ihre Hilfe und Beratung konnten wir die Hürden bis zur Veröffentlichung des Buches meistern. Vielen Dank für den Einsatz, die professionelle Begleitung und Beratung, die Begeisterung für das Projekt, die Geduld und die Zusammenarbeit.

Vielen Dank an Corina Witte-Pflanz von OOOGGrafik für das schnelle und professionelle Layouten des Covers.

Ein großes Dankeschön für die Unterstützung an Joanne, Hermine, Isabel, Maude, Mazze, Pauline, Inga, Natalie, Simon, Goshia, Roberta, Sung, Julia, Aboo, Roos und Anna.
Wir bedanken uns auch bei Hussein, Waad, Lara, Somaia und den Kindern der Albert-Schweitzer Grundschule, insbesondere bei den Klassen 4a und 3b für ihre Zeichnungen der Zutaten und die Rezepte.

Finanziert wurde das Kochbuch von der Postcode Lotterie DT gemeinnützige GmbH, der Ferry-Porsche-Stiftung, dem Stadtteilverein Bahnstadt e.V. und der BASF SE. Vielen Dank für die Spenden und Fördergelder.